1食分のた〔　　　〕野菜100gがとれる

からだリセットスープ

RESET
SOUP

管理栄養士
りの

おつかれさまです。りのです。
フリーランス管理栄養士として、
SNSを中心にスープレシピをお届けしています。

今日も1日頑張ったあなた。
夕飯はスープにしませんか?
本書でご紹介するのは、
簡単に作れて、栄養たっぷりで、心と体をリセットしてくれる
夜にぴったりの「おかずスープ」です。

＊レンジだけ、もしくはフライパンだけで完成!
さらに、包丁を使わないものや、5〜10分で作れるものも。

＊メインのおかずになるので、スープだけ作ればOK!
あとはごはんかパンを用意すれば、夕飯は完成です。

＊1食分のたんぱく質と野菜が入っているので、栄養バランスも◎!

スープが好きな方はもちろん、
毎日忙しい方、疲れている方、栄養バランスが気になる方、
自炊したいけれど料理が苦手という方にもおすすめ。
本をバッグに入れておけば、隙間時間に夕飯のメニューを決めて、
お仕事帰りに買い物もできちゃいます。

「からだリセットスープ」で毎日のスープ習慣を身につけて、
おいしく、心も体も健康になっていただけたらうれしいです!

りの

からだリセットスープのいいところ

POINT
おかずはスープだけでOK！

具だくさんだから、あとはごはんかパンがあれば、ボリューム満点の献立が完成！ 汁も一緒に食べることで、素材の栄養やうまみをもれなくとることができ、満足度の高い食事になります。さらにChapter5の「ひと皿完結スープ」は、ごはんや麺が入っているので、1品だけでOK。簡単だから続けやすいんです。

POINT
たんぱく質＆野菜たっぷり！

健康作りやダイエットには、筋肉の材料となるたんぱく質と不足しがちなビタミンやミネラル、食物繊維が大切。本書のレシピはすべてたんぱく質20g、野菜100g以上を含みます。スープにすることでかさが減って食べやすいし、水溶性の栄養も飲み干せるから、必要な栄養を無理なくとることができます。

レンジやフライパンで作れる！

Chapter1〜4は1人分ずつ
作るレンチンレシピ、Chapter
5〜6は2人分のフライパン
レシピ。レンチンレシピは加
熱時間を短縮できるし、洗い
ものが少ないのもうれしいと
ころ。さらに包丁＆まな板不
要のレシピや、5〜10分でで
きあがるものも。疲れていると
きも、時間のないときも作り
やすいレシピになっています。

ダイエットにもおすすめ！

野菜がたっぷり入ったスープ
はおなかいっぱい食べても低
カロリーで罪悪感なし。食べ
ごたえはあるのにカロリーは1
食分200〜300kcalとい
うレシピもたくさんあるので、
ダイエット中の人も安心です。
野菜たっぷりのスープを食べ
る習慣をつけると、自然に栄
養バランスも整い、体がリセッ
トされます。

Contents

からだリセットスープのおすすめ調味料

昆布茶
(不二の昆布茶／不二食品)

少量でもしっかりと昆布のうまみが効いてくれる。粉末タイプで溶けやすくなじみやすい。

和風顆粒だし
(ほんだし®／味の素)

和風だしはかつおだし風味のこちらを使用。好みで昆布やいりこベースのものを使用してもOK。

鶏ガラスープの素
(丸鶏がらスープ™／味の素)

中華風のスープには手軽なこちらを使用。溶けやすいため、特にレンジレシピとの相性が◎。

顆粒コンソメ
(味の素KKコンソメ／味の素)

コンソメはくだく必要のない顆粒タイプが便利。少量ずつ使えるから1人分のスープ作りもラク。

だしパック
(うまかだし いりこ／中嶋屋本店)

原材料がシンプルで、いりこそのものの味を味わえる。わが家の豚汁(P106)はこれがベース。

白だし
(割烹白だし／ヤマキ)

かつおだしの上品なうまみと香りがふんわりと広がり、料理の仕上がりがワンランクアップ。

本書のレシピで使っている、
スープ作りに必要な調味料をご紹介します。

牛だし
（化学調味料無添加の牛だし／ユウキ食品）

濃厚なうまみで本格的な味に。スープベースのひとつとして使うと、バリエーションが増える。

塩麹
（プラス糀 生塩糀／マルコメ）

素材のおいしさを引き立てる、おだやかな塩けとうまみの調味料。発酵食品なので、腸活にも。

韓国唐辛子
（韓国産 唐辛子粉　粗びき／志立）

辛いスープには欠かせない調味料。おだやかな辛みと、食欲をそそる色、香りが出て食欲UP。

みそ（みなさまのお墨付き
純正 こうじみそ／西友オリジナル）

米麹ならではの甘みと香りで、まろやかな優しい味わいのみそ。豆乳、コンソメとの相性も◎。

甜菜糖
（てんさい糖／ホクレン）

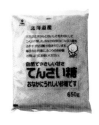

私の出身地、北海道で作られた甜菜糖。優しい甘さの中にコクがあり、スープとも好相性。

からだリセットスープのお役立ち食材

冷凍ひき肉
（豚ひき肉・鶏ひき肉）

日持ちするうえ、少量ずつ使いやすい冷凍ひき肉。本書のほとんどのレシピは凍ったまま調理可能。バラリとほぐれやすく、レンチンでも均一に加熱できる。かたまりはほぐしてから使って。

大麦
（胚芽押麦／はくばく）

私は長年食べています。食物繊維が豊富で、腸活にも。玄米よりクセがなく食べやすい。プチプチした食感もやみつきに。

麺
（ゼンブヌードル 丸麺／ZENB）

豆100％から作られる、グルテンフリー、糖質オフ、食物繊維豊富なヘルシー麺。全粒粉パスタや米粉麺、こんにゃく麺に置き換えもOK。

冷凍食材と栄養たっぷりの主食があれば、
スープ作りがもっと簡単＆ヘルシーに。

冷凍野菜
（いんげん・オクラ・ほうれん草・ミックスベジタブル・ごぼう・ブロッコリー・かぼちゃ

新鮮なうちにカット、加熱して、急速冷凍しているので、下処理の手間がないだけ
でなく、栄養もキープ。季節を問わず手に入るため、使いたいときにすぐ使える。少
量ずつ使えるのもうれしい。

本書の使い方

Chapter1〜4

Chapter1〜4は1人分のレンチンレシピです。器は直径16.5cm×深さ7cm程度が目安。電子レンジ対応の器で調理して、そのまま食卓に出せば洗い物が少なくすみます。

Chapter5〜6

Chapter5〜6は2人分のフライパンレシピです。具材が多いので、直径28cmのフライパンで作るのがおすすめ。同程度のサイズの鍋などでも代用できます。

レシピ名　　使用する食材

たんぱく質・野菜量・カロリー
スープに含まれる栄養素を記載しています。

工程写真
各Chapterの最初のレシピには工程写真を掲載。

食材の切り方
肉や野菜の切り方は、材料の隣に表記しています。

- 材料の表記は大さじ1＝15㎖（15㏄）、小さじ1＝5㎖（5㏄）です。

- 材料に書かれている「少々」は親指と人さし指で軽くつまむくらいの量で、約小さじ1/8です。「ひとつまみ」は親指、人さし指、中指の3本で軽くつまむくらいの量で、約小さじ1/5です。

- 材料に書かれている「湯」の温度は90℃程度のものを使用してください。

- 火加減は特に記載のない場合は中火です。

- 野菜は特に記載のない場合は中サイズです。

- 「野菜を洗う」「皮をむく」「ヘタを取る」「石づきを取る」などの基本的な下ごしらえは一部省略しております。

- レシピには目安となる分量や調理時間を記載していますが、食材や調理器具によって差がありますので、様子を見ながら加減してください。

- 電子レンジの加熱時間は600Wのものを使用した場合の目安です。500Wの場合は、1.2倍を目安に様子を見ながら加熱時間を加減してください。

- たんぱく質、野菜量、カロリーの数値は、いずれも記載されている材料で作った場合の1人分のものです。写真にごはんやパンが添えられている場合でも、材料に記載がない場合は含まれません。

Chapter1

とにかくラクしたい！

包丁を使わない

スープ

SIMPLE　　🍲　　SOUP

どうしてもやる気が起きないときや、

へとへとで1つでも洗いものを

減らしたいときはこれ！

食材は手でちぎったり、

キッチンばさみを使って切れば、

包丁もまな板も必要ありません。

その他、すでにカットされている

冷凍食材も大活用。

とにかく手軽に作りたいという日に

お試しください。

たんぱく質 **31.0**g 野菜量 **150**g **382**kcal

溶き卵は熱々のうちに加えるのがコツ

ひき肉とレタスの
卵スープ

(**材料**) 1人分

冷凍豚ひき肉 … 100g

溶き卵 … 1個分

冷凍さやいんげん … 50g　◀5cm長さに切る

レタス … 100g（1/3個）　◀ひと口大にちぎる

A 鶏ガラスープの素 … 小さじ2

　　塩、こしょう … 各少々

　　白いりごま … 少々

湯 … 300mℓ

① 器にAと湯を入れて混ぜる。

② ひき肉、いんげんを加え、電子レンジで7分加熱する。熱いうちに混ぜ、溶き卵を加える。

③ レタスをのせ、電子レンジで2分加熱して混ぜる。

お豆たっぷりでかみごたえあり

枝豆とひよこ豆の
コロコロスープ

(**材料**) 1人分

冷凍むき枝豆 … 100g

ひよこ豆（水煮）… 70g

冷凍ミックスベジタブル … 50g

A 顆粒コンソメ … 小さじ2

　└┈ 塩、こしょう … 各少々

湯 … 300㎖

1. 器にAと湯を入れて混ぜる。

2. そのほかの材料をすべて加え、電子レンジで5分加熱して混ぜる。

　たんぱく質 **20.3**g　野菜量 **150**g　**275**kcal

ダブルのとろみがおいしい

納豆とオクラの
とろみスープ

(**材料**) 1人分

ひきわり納豆 … 1パック (50g)

絹豆腐 … 200g　◀ひと口大にちぎる

冷凍刻みオクラ … 100g

細ねぎ … 少々　◀小口切り

A 昆布茶 (粉末) … 小さじ1強

　おろししょうが (チューブ) … 小さじ1/2

湯 … 300㎖

1. 器にAと湯を入れて混ぜる。

2. 納豆、豆腐、オクラを加え、電子レンジで5分加熱して混ぜる。細ねぎを散らす。

たんぱく質 **21.3**g　野菜量 **103**g　**241**kcal　019

たんぱく質 **26.4**g 野菜量 **140**g **297**kcal

うまみ食材たっぷりで深い味わい

ツナとブロッコリーの和風スープ

材料 1人分

A ツナ（水煮）… 60g

　ちくわ … 2本（56g）　◀ **4等分の斜め切り**

　冷凍ブロッコリー … 100g

　冷凍刻みオクラ … 40g

昆布茶（粉末）… 小さじ1強

湯 … 300㎖

削り節 … 3g

とろろ昆布 … 3g

① 器に昆布茶、湯を入れて混ぜる。

② Aを加え、電子レンジで5分加熱して混ぜる。

③ 削り節、とろろ昆布をのせる。

リコピン＆イソフラボンで美肌に

豆腐とほうれん草の
トマトスープ

（材料）1人分

A 絹豆腐 … 200g ◀ひと口大にちぎる

　 冷凍ほうれん草 … 100g

　 冷凍ホールコーン … 50g

　 トマトジュース … 200㎖

温泉卵 … 1個

B 顆粒コンソメ … 小さじ2

　 塩 … 少々

湯 … 100㎖

1 器にBと湯を入れて混ぜる。

2 Aを加えて混ぜ、電子レンジで5分加熱して混ぜる。

3 温泉卵をのせる。

■温泉卵の作り方

耐熱ボウルに卵1個を割り入れ、かぶるくらいの水を加える。黄身にようじで数か所の穴を開け、電子レンジで40〜50秒、様子を見ながら加熱する。

たんぱく質 **24.1g** 野菜量 **300g** **313**kcal

和風味にチーズが好相性

ちくわと豆もやしの
チーズスープ

（材料）1人分

ちくわ … 3本 (84g)

　◀ 4等分の斜め切り

ひと口モッツァレラチーズ … 50g

豆もやし … 100g

レタス … 100g (1/3個)

　◀ ひと口大にちぎる

白だし … 大さじ2

湯 … 300ml

1. 器に白だし、湯を入れて混ぜる。

2. ちくわ、豆もやし、レタスを加え、電子レンジで5分加熱して混ぜる。

3. チーズを加える。

たんぱく質 **24.5**g　野菜量 **200**g　**301**kcal　023

桜えびが香る台湾風の一杯

厚揚げの
ピリ辛豆乳スープ

（**材料**） 1人分

厚揚げ … 150g　◀ひと口大にちぎる

にら … 70g（2/3束）　◀5cm長さに切る

キャベツ … 100g（2枚）　◀ひと口大にちぎる

豆乳（無調整）… 150㎖

A 鶏ガラスープの素 … 小さじ2

　豆板醤、白すりごま … 各小さじ1

　塩 … 少々

湯 … 150㎖

桜えび … 大さじ1/2

ラー油 … 少々

（**1**）　器にA、湯を入れて混ぜる。

（**2**）　厚揚げ、にら、キャベツを加え、電子レンジで
　　　 5分加熱して混ぜる。豆乳を加えて混ぜる。

（**3**）　桜えびをのせ、ラー油をかける。

ほどよい酸味で後味さっぱり

はんぺんの梅しそスープ

材料 1人分

はんぺん … 100g ◀2㎝角に切る

しらす干し … 40g

水菜 … 100g（1/2束）◀7㎝長さに切る

昆布茶（粉末）… 小さじ1強

湯 … 300㎖

大葉 … 2g（2枚）◀ひと口大にちぎる

梅干し … 1個

1 器に昆布茶、湯を入れて混ぜる。

2 はんぺん、しらす、水菜を加え、電子レンジで5分加熱して混ぜる。

3 大葉、梅干しをのせる。

たんぱく質 **22.4**g 野菜量 **102**g **173**kcal

手軽なさば缶で青魚のDHAを補給

さば缶みそ汁

(材料) 1人分

さば水煮缶 … 150g　◀汁けをきる

冷凍ホールコーン … 50g

長ねぎ … 100g（1本）　◀2.5cm長さに切る

A 和風顆粒だし … 小さじ2弱

┆ おろししょうが（チューブ）… 小さじ1/2強

みそ … 小さじ2と1/2

湯 … 300mℓ

① 器に**A**、湯を入れて混ぜる。

② さば、コーン、長ねぎを加え、電子レンジで5分加熱して混ぜる。

③ みそを溶き入れる。

たんぱく質 **37.4**g　野菜量 **103**g　**381**kcal　027

Chapter2

あっという間に完成！

5〜10分で作れる

スープ

5-10min　　　SOUP

材料を切って、レンジでチンして、

スープができあがるまでの所要時間は

なんと5〜10分！

おなかがペコペコのときや、

時間がないときでも、

あっという間に作れてしまう

レシピを集めました。

夜遅くなってしまった日には、

こんな時短スープで栄養を補給して、

明日も頑張りましょう。

たんぱく質 **23.2**g 野菜量 **180**g **182**kcal

魚介のうまみをぎゅっと濃縮

シーフードとポテトの
トマトスープ

材料 1人分

冷凍シーフードミックス … 100g

じゃがいも … 100g（2/3個）
　◀ 皮つきのまま1cm角に切る

グリーンアスパラガス … 30g（1〜2本）
　◀ 根元の皮をむき、5cm長さの斜め切り

A トマトジュース、湯
　… 各150mℓ
　顆粒コンソメ … 小さじ2
　塩 … ひとつまみ

1 器にシーフードミックス、じゃがいも、アスパラを入れ、ラップをかけて電子レンジで5分加熱する。

2 Aを加えて混ぜ、電子レンジで3分加熱して混ぜる。

玉ねぎのうまみ、甘みがじんわり

オニオンチキン
スープ

（材料）1人分

サラダチキン … 110g ◀食べやすくさく

ひと口モッツァレラチーズ … 30g

玉ねぎ … 60g（1/3個）◀くし形切り

セロリ … 50g（1/2本）
　　◀筋を取り、5mm幅の斜め切り

A 顆粒コンソメ … 小さじ2
　　塩、こしょう … 各少々

湯 … 300㎖

1. 器にA、湯を入れて混ぜる。

2. チキン、玉ねぎ、セロリを加え、電子レンジで5分加熱して混ぜる。

3. チーズをのせる。

たんぱく質 **32.4**g 野菜量 **110**g **237**kcal

長いもと卵でスタミナバッチリ

長いもとツナの 卵スープ

材料 1人分

ツナ (水煮) … 60g

卵 … 1個

ほうれん草 … 100g (1/2束)
　◀5cm長さに切る

長いも … 50g (2〜3cm)　◀すりおろす

A 和風顆粒だし、しょうゆ … 各小さじ2弱

湯 … 300㎖

細ねぎ … 少々　◀小口切り

① 器にAと湯を入れて混ぜる。

② ツナ、ほうれん草、長いもを加え、電子レンジで3分加熱して混ぜる。

③ 卵を割り入れ、細ねぎを散らす。

たんぱく質 **23.2**g　野菜量 **101**g　**313**kcal　033

トマトとレモンの酸味が◎

えびとアボカドの
エスニックスープ

材料 1人分

むきえび … 125g（5尾）

アボカド … 70g（1/2個）　◀2cm角に切る

ミニトマト … 100g（10個）　◀半分に切る

しめじ … 30g（1/3パック）　◀ほぐす

A オイスターソース … 大さじ1/2強

　レモン汁、鶏ガラスープの素 … 各小さじ2

　おろししょうが（チューブ）… 小さじ1/2

湯 … 300㎖

1 器に**A**と湯を入れて混ぜる。

2 そのほかの材料をすべて加え、電子レンジで5分加熱して混ぜる。

たんぱく質 **29.3**g 野菜量 **102**g **290**kcal

ピリッとゆずこしょうがアクセント

豚肉とキャベツの重ね煮スープ

(**材料**) 1人分

豚ロース薄切り肉 … 150g
◀ひと口大に切る

キャベツ … 120g（2〜3枚）
◀ひと口大にちぎる

長ねぎ … 10g（5cm） ◀斜め薄切り

酒 … 大さじ1

A 昆布茶（粉末）… 小さじ1強
ゆずこしょう … 少々

湯 … 300㎖

1. 器に豚肉とキャベツを重ね入れ、酒をふってラップをかけ、電子レンジで5分加熱する。

2. A、湯を加えて長ねぎをのせ、電子レンジで3分加熱して混ぜる。

たんぱく質 **31.1g** 野菜量 **130g** **426**kcal

高たんぱくで低カロリーのたらが主役

たら鍋風スープ

材料 1人分

たら（骨抜き）… 120g　◀ひと口大に切る

絹豆腐 … 80g　◀ひと口大に切る

白菜 … 100g（1枚）　◀ざく切り

白だし … 大さじ2と1/3

湯 … 300㎖

細ねぎ … 少々　◀小口切り

1. 器に白だし、湯を入れて混ぜる。
2. たら、豆腐、白菜を加え、電子レンジで5分加熱して混ぜる。
3. 細ねぎをのせる。

たんぱく質 **26.8**g　野菜量 **101**g　**174**kcal　037

食物繊維豊富でうれしい

たっぷりきのこの スープ

(材料) 1人分

A 厚揚げ … 150g　◀ひと口大に切る

　エリンギ … 50g（1/2パック）　◀横半分に切り、縦薄切り

　しめじ … 40g（1/2パック弱）　◀ほぐす

　しいたけ … 30g（2個）　◀薄切り

大根おろし … 100g（4cm）

B 鶏ガラスープの素 … 小さじ2

　塩、こしょう … 各少々

湯 … 300ml

細ねぎ … 少々　◀小口切り

ごま油 … 小さじ1/3

1 器にB、湯を入れて混ぜる。

2 Aを加え、電子レンジで7分加熱して混ぜる。

3 軽く汁けをきった大根おろしをのせ、細ねぎをちらし、ごま油をかける。

Chapter3

元気が出る！

刺激たっぷり

スープ

韓国唐辛子やカレー粉などを使った

スパイシーなものから、

酸味の効いた梅スープ、レモンスープ、

たっぷりにんにくのスープまで。

なんだか元気が出ない……というときに

お試しいただきたいスープです。

刺激食材の量は調整して、

お好みの味でお召し上がりください！

たんぱく質 **29.9**g 野菜量 **174**g **318**kcal

あさりと牛だしのWだし

スンドゥブチゲ風スープ

材料 1人分

A 絹豆腐 … 200g
　◀スプーンでひと口大にすくう
　あさり（殻つき・砂抜き済み）… 80g
　豆もやし … 100g
　にら … 70g（2/3束）
　◀7cm長さに切る
卵 … 1個

B 牛だし（P9参照）… 小さじ2と1/2
　韓国唐辛子 … 小さじ2
　豆板醤 … 小さじ1
　おろしにんにく（チューブ）… 小さじ1/2
　おろししょうが（チューブ）… 小さじ1/2
湯 … 300㎖
ごま油 … 小さじ1/3

1 器に**B**、湯を入れて混ぜる。

2 **A**を加え、電子レンジで7分加熱して混ぜる。

3 卵を割り入れ、ごま油をかける。

　たんぱく質　**26.6**g　野菜量　**125**g　**390**kcal

ごはんを入れてお茶漬け風にしても

オクラと梅の ツナスープ

材料 1人分

A ツナ（水煮）… 120g

キャベツ … 80g（1～2枚）　◀1cm幅に切る

オクラ … 45g（4～5本）　◀斜め半分に切る

塩昆布 … 小さじ1

白だし … 大さじ2

湯 … 300mℓ

梅干し … 1個　◀種を取ってたたく

削り節 … 3g

白いりごま … ひとつまみ

1 器に白だし、湯を入れて混ぜる。

2 Aを加え、電子レンジで5分加熱して混ぜる。

3 梅干し、削り節をのせ、ごまをふる。

不足しがちなビタミンをとれる

アボカドカレースープ

材料 1人分

鶏もも肉 … 150g　◀ひと口大に切る

アボカド … 70g (1/2個)　◀1cm角に切る

玉ねぎ … 50g (1/4個)　◀くし形切り

にんじん … 50g (1/3本)　◀いちょう切り

A トマトケチャップ … 大さじ1

　　ウスターソース … 小さじ2と1/2

　　顆粒コンソメ … 小さじ2

　　カレー粉 … 小さじ1

　　一味唐辛子、塩 … 各ひとつまみ

湯 … 300㎖

1 器に **A**、湯を入れて混ぜる。

2 そのほかの材料をすべて加え、電子レンジ
で7分加熱して混ぜる。

たんぱく質 **28.6**g　野菜量 **100**g　**492**kcal　047

ほどよい辛さでごはんにぴったり

麻婆なすスープ

（**材料**） 1人分

冷凍豚ひき肉 … 150g

なす … 200g（2〜3本）

にら … 20g（1/5束）　◀5cm長さに切る

長ねぎ … 10g（5cm）　◀みじん切り

A 韓国唐辛子、鶏ガラスープの素 … 各小さじ2

　　豆板醤 … 小さじ1

　　おろしにんにく（チューブ）… 小さじ1/2

　　おろししょうが（チューブ）… 小さじ1/2

湯 … 300mℓ

ラー油 … 小さじ1/3

1 なすはようじで数か所穴を開ける。1本ずつラップで包み、電子レンジで3分加熱する。ラップに包んだまま氷水にとり、粗熱を取る。

2 器に**A**、湯を入れて混ぜる。ひき肉、にら、長ねぎを加え、電子レンジで7分加熱して混ぜる。

3 なすを手で食べやすくさきながら加え、ラー油をかける。

たんぱく質 **30.8**g　野菜量 **234**g　**405**kcal

元気になりたいときに

にんにくと卵の
チキンスープ

（材料）1人分

A サラダチキン … 110g ◀食べやすくさく

　小松菜 … 100g（1/3束）
　　　　　◀5cm長さに切る

　にんじん … 80g（1/2本）　◀細切り

　おろしにんにく … 18g（3かけ分）

溶き卵 … 1個分

B 塩 … 小さじ1/3

　オリーブオイル … 小さじ1/3

湯 … 300㎖

粗びき黒こしょう … 小さじ1/3

1 器にB、湯を入れて混ぜる。

2 Aを加え、電子レンジで7分加熱する。

3 溶き卵を加えて混ぜ、粗びき黒こしょうをふる。

たんぱく質 **36.3**g 野菜量 **198**g **276**kcal

お好みでレモンをしぼってどうぞ

塩レモンの
春雨スープ

材料 1人分

A サラダチキン … 110g ◀2㎝角に切る

　ブロッコリー … 80g（小1/2個）
　　◀小房に分け、さらに半分〜1/4に切る

　にんじん … 50g（1/3本）
　　◀小さめの乱切り

　緑豆春雨（カットタイプ）… 30g

B 鶏ガラスープの素 … 小さじ2

　塩 … ひとつまみ

湯 … 300㎖

レモン … 20g（小1/3個）
　◀薄い輪切り

1. 器に B、湯を入れて混ぜる。

2. A を加え、電子レンジで7分加熱して混ぜる。

3. レモンをのせる。

たんぱく質 **31.4**g　野菜量 **130**g　**277**kcal　051

カプサイシンの働きで温まる

ピリ辛湯豆腐

材料 1人分

木綿豆腐 … 300g

白菜 … 100g（1枚） ◀ひと口大に切る

水菜 … 50g（1/4束） ◀7cm長さに切る

しいたけ … 50g（3〜4個） ◀四つ割りにする

赤唐辛子 … 1本 ◀小口切り

昆布茶（粉末）… 小さじ1強

湯 … 300ml

1 器に昆布茶と湯を入れて混ぜる。

2 そのほかの材料をすべて加え、電子レンジで5分加熱する。

たんぱく質 **24.9**g 野菜量 **150**g **269**kcal 053

ほんのりイタリアン風

エビとトマトの
タバスコスープ

材料 1人分

A むきえび … 125g（5尾）

トマト … 150g（1個）　◀1cm角に切る

ピーマン … 30g（1個）　◀輪切り

マッシュルーム … 30g（3個）　◀薄切り

B 顆粒コンソメ … 小さじ2

おろしにんにく（チューブ）… 小さじ1/2

湯 … 300㎖

バジルの葉 … 1枚　◀ひと口大にちぎる

粉チーズ … 少々

タバスコ®（好みで）… 5〜6滴

1 器にB、湯を入れて混ぜる。

2 Aを加え、電子レンジで7分加熱して混ぜる。

3 バジルを散らし、粉チーズ、タバスコをふる。

Chapter4

ほっとする！

ほっこり優しい

スープ

RELAXING SOUP

お疲れ気味で胃腸が弱っている
寒い日や体が冷えているときな
あったかくて優しい味のスー
いかがでしょう?
まろやかなチーズがとろけ
野菜の甘みが溶けだしたポター
滋養たっぷりのひと
心も体も労わりま

たんぱく質 **24.9**g 野菜量 **120**g **296**kcal

仕上げのチーズでコクをプラス

ひき肉とキャベツの
チーズみそ汁

材料 1人分

A 冷凍鶏ひき肉 … 100g

　キャベツ … 100g（2枚）
　◀1〜2cm四方に切る

　じゃがいも … 100g（2/3個）
　◀皮つきのまま1cm角に切る

和風顆粒だし … 小さじ1と2/3

湯 … 300㎖

みそ … 大さじ1強

貝割れ大根 … 20g（1/2パック）

粉チーズ … ひとつまみ

1 器にAを入れ、ラップをかけて電子レンジで5分加熱する。

2 顆粒だし、湯を加えて混ぜ、さらに3分加熱して混ぜる。

3 みそを溶き入れて貝割れ大根をのせ、粉チーズをふる。

にんじんの優しい甘みが溶けた

にんじんとさつまいものポタージュ

（**材料**） 1人分

蒸し大豆 … 80g

A にんじん … 150g（1本）　◀乱切り

さつまいも … 100g（1/2本弱）　◀皮つきのまま乱切り

バター（食塩不使用）… 小さじ1弱

顆粒コンソメ … 小さじ2

湯 … 100㎖

豆乳（無調整）… 200㎖

ドライパセリ … 少々

1 器に **A**、バター、水大さじ1（分量外）を入れ、ラップをかけて電子レンジで7分加熱する。

2 コンソメ、湯を加えて混ぜ、さらに3分加熱する。

3 ハンドブレンダーで撹拌し、豆乳を注いで混ぜる。蒸し大豆をのせ、パセリをふる。

たんぱく質 **36.7**g 野菜量 **190**g **293**kcal

塩麹の奥深いうまみがおいしい

ささみと根菜の 塩麹スープ

材料 1人分

A 鶏ささみ … 130g（2〜3本） ◀1cm角に切る

　冷凍かぼちゃ … 80g ◀皮つきのまま2cm角に切る

　じゃがいも … 80g（1/2個） ◀皮つきのまま1cm角に切る

　にんじん … 70g（1/2本） ◀1cm角に切る

　玉ねぎ … 40g（小1/4個） ◀1cm四方に切る

和風顆粒だし … 小さじ1と2/3

湯 … 300㎖

塩麹 … 大さじ1/2

1 器に顆粒だし、湯を入れて混ぜる。

2 Aを加え、電子レンジで7分加熱して混ぜる。

3 塩麹をのせる。

ビタミンCを汁ごと飲み干せる

豚肉とカリフラワーの
みそ汁

材料 1人分

A 豚肩ロース薄切り肉 … 150g
　　◀ひと口大に切る

　カリフラワー … 100g（1/5個）
　　◀小房に分ける

　豆もやし … 50g

　にら … 30g（1/3束）　◀7㎝長さに切る

和風顆粒だし … 小さじ1と2/3

湯 … 300㎖

みそ … 大さじ1強

1. 器に顆粒だし、湯を入れて混ぜる。

2. **A** を加え、電子レンジで7分加熱して混ぜる。

3. みそを溶き入れる。

　たんぱく質 **38.1**g　野菜量 **180**g　**467**kcal

ほたてのうまみがふわりと広がる

ほたてと大根の 塩麹しょうがスープ

材料 1人分

ほたて貝柱 … 150g

大根 … 100g（4cm）　◀いちょう切り

青梗菜 … 100g（1株）　◀7cm長さに切る

A 鶏ガラスープの素 … 小さじ2

　しょうゆ … 小さじ1弱

湯 … 300㎖

塩麹 … 大さじ1/2

しょうが … 2g　◀せん切り

1. 器にA、湯を入れて混ぜる。

2. ほたて、大根、青梗菜を加え、電子レンジで7分加熱して混ぜる。

3. 塩麹、しょうがをのせる。

たんぱく質 **27.8**g　野菜量 **202**g　**179**kcal　065

たんぱく質 **20.4**g 野菜量 **140**g **281**kcal

ひよこ豆の食感がアクセント

かぶと長ねぎの
真っ白ポタージュ

材料 1人分

ひよこ豆（水煮）… 70g

かぶ … 100g（1〜2個） ◀2cm角に切る

長ねぎ（白い部分）… 40g（1/2本） ◀2cm長さに切る

豆乳（無調整）… 200㎖

バター（食塩不使用）… 小さじ1弱

A 顆粒コンソメ … 小さじ2

A 塩、こしょう … 各少々

湯 … 100㎖

1 器にかぶ、長ねぎ、バター、水大さじ1（分量外）を入れ、ラップをかけて電子レンジで5分加熱する。

2 A、湯を加え、さらに3分加熱する。

3 ハンドブレンダーで撹拌する。ひよこ豆、豆乳を加えて混ぜる。

レンジで10分加熱するだけ

お手軽おでん

材料 1人分

A ゆでだこの足 … 100g
　　◀ひと口大に切る

　はんぺん … 50g
　　◀三角形に切る

　ちくわ … 1本（20g）

　こんにゃく … 100g
　　◀三角形に切り、表面に格子状の
　　切り込みを入れる

ゆで卵 … 1個　◀半分に切る

大根 … 100g（小8cm）　◀2cm幅の輪切り

昆布茶（粉末）… 小さじ1強

湯 … 300mℓ

1. 器に大根を入れ、水大さじ1（分量外）をふってラップをかけ、電子レンジで7分加熱する。

2. 昆布茶、湯を加えて混ぜる。

3. Aを加え、電子レンジで3分加熱して混ぜる。ゆで卵をのせる。

　たんぱく質 **32.2**g　野菜量 **100**g　**250**kcal

ショウガオールでほっこり温まる

しょうが風味の
鶏ごぼうスープ

材料 1人分

A 鶏もも肉 … 150g ◀ひと口大に切る

　ごぼう … 30g（1/5本）　◀ささがき

　切り干し大根（乾燥）… 20g
　　 ◀水でもどす

B 顆粒コンソメ … 小さじ2

　塩、こしょう … 各少々

湯 … 300mℓ

しょうが … 3g ◀せん切り

三つ葉 … 5g（3本）　◀3cm長さに切る

① 器にB、湯を入れて混ぜる。

② Aを加え、電子レンジで7分加熱して混ぜる。

③ しょうがと三つ葉をのせる。

たんぱく質 **27.9**g　野菜量 **118**g　**374**kcal　069

たんぱく質 **32.6**g 野菜量 **150**g **485**kcal

大根おろしでさっぱりいただける

すき焼き風
おろしスープ

材料 1人分

豚肩ロース薄切り肉 … 100g　◀ひと口大に切る

温泉卵（P22参照）… 1個

大根おろし … 100g（4㎝）

春菊 … 50g（1/4束）　◀えのきだけと同じ長さに切る

えのきだけ … 50g（1/2袋）　◀ほぐす

A しょうゆ … 大さじ1強

　　酒、甜菜糖 … 各大さじ1

　　みりん … 小さじ2と1/2

　… 和風顆粒だし … 小さじ1と2/3

湯 … 300㎖

1 器にA、湯を入れて混ぜる。

2 豚肉、春菊、えのきを加え、電子レンジで7分
加熱して混ぜる。

3 大根おろし、温泉卵をのせる。

さけは抗酸化作用たっぷり

さけとほうれん草の
豆乳コンソメスープ

（材料）1人分

A さけ水煮缶 … 80g ◀汁けをきる

ほうれん草 … 100g（1/2束）
　　◀5cm長さに切る

玉ねぎ … 40g（小1/4個）
　　◀縦薄切り

ヤングコーン … 40g（4本）
　　◀斜め半分に切る

豆乳（無調整）… 200㎖

B 顆粒コンソメ … 小さじ2

　塩、こしょう … 各少々

湯 … 100㎖

1　器に**B**、湯を入れて混ぜる。

2　**A**を加え、電子レンジで7分加熱する。

3　豆乳を注いで混ぜる。

　たんぱく質 **31.7**g　野菜量 **140**g　**298**kcal

サンショオールで血行促進

手羽中と大根の 山椒スープ

材料 1人分

A 鶏手羽中 … 135g (小6〜7本)

　大根 … 200g (1/5本)
　　◀いちょう切り

　大根の葉 … 5g　◀小口切り

　にんじん … 80g (1/2本)
　　◀いちょう切り

B 酒 … 大さじ1

　顆粒コンソメ … 小さじ2

湯 … 300㎖

塩麹 … 大さじ1/2

粉山椒 … 少々

1 器にB、湯を入れて混ぜる。

2 Aを加え、電子レンジで7分加熱して混ぜる。

3 塩麹をのせ、粉山椒をふる。

たんぱく質 **29.5**g　野菜量 **285**g　**404**kcal　073

たんぱく質 **20.0**g 野菜量 **160**g **304**kcal

食物繊維豊富な大麦の食感が楽しい

大麦入り
きくらげスープ

材料 1人分

A かに風味かまぼこ … 45g ◀細くさく

　 ほうれん草 … 100g（1/2束）　◀粗みじん切り

　 パプリカ（黄）… 60g（小1/2個）　◀粗みじん切り

　 きくらげ（乾燥）… 25g　◀水でもどして細切り

　 大麦入りごはん … 80g

牛だし（P9参照）… 小さじ2と1/2

湯 … 300㎖

みそ … 小さじ1と2/3

ピザ用チーズ … 30g

① 器に牛だし、湯を入れて混ぜる。

② Aを加え、電子レンジで5分加熱して混ぜる。

③ みそを溶き入れ、チーズをのせる。

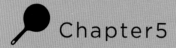

Chapter5

これだけでおなかいっぱい！

ひと皿完結

スープ

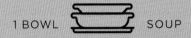

たんぱく質、野菜たっぷりのスープに
主食をプラスした、
ひと皿で完全食になるメニューをご紹介します。
主食は、しらたきや大麦入りごはん、
ゼンブヌードルなど、
ヘルシーで栄養価が高いものを
選んでいますので、ダイエット中の方や
健康を気遣っている方にもぴったりです。

たんぱく質 **31.5**g 野菜量 **122**g **432**kcal

韓国唐辛子の量はお好みで

うま辛トマト辛麺

材料 2人分

冷凍豚ひき肉 … 200g

溶き卵 … 2個分

にら … 60g（2/3束弱）
　◀7cm長さに切る

にんにく … 24g（4かけ）
　◀みじん切り

しらたき … 300g　◀半分に切る

塩、こしょう … 各少々

A カットトマト缶 … 160g

　鶏ガラスープの素 … 大さじ2と2/3

　酒 … 大さじ2

　しょうゆ … 大さじ1と2/3

水 … 600㎖

韓国唐辛子（好みで）… 大さじ3弱

1　フライパンにひき肉、にんにくを入れてを塩、こしょうをふり、中火で炒める。

2　ひき肉の色が変わったらA、水を加え、煮立ったら唐辛子を加える。

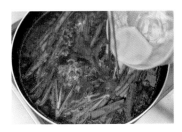

3　にらを加え、溶き卵を回し入れ、卵がかたまったら火を止める。

4　耐熱のボウルにしらたきを入れ、電子レンジで2分加熱して器に盛る。**3**をかける。

たんぱく質 **20.3**g 野菜量 **190**g **308**kcal

体調をくずしたときはこれでリセット

チキンと野菜の
具だくさんおかゆ

（材料） 2人分

サラダチキン … 110g　◀食べやすくさく

A にんじん … 200g（大1本）　◀みじん切り

かぶ … 160g（2個）　◀みじん切り

かぶの葉 … 20g　◀みじん切り

エリンギ … 200g（2パック）　◀みじん切り

大麦入りごはん … 160g

ごま油 … 大さじ1

B 白だし … 大さじ1と1/3

鶏ガラスープの素 … 大さじ1と1/3

水 … 600㎖

ポン酢しょうゆ … 大さじ1/2強

① フライパンにごま油を中火で熱し、**A**を入れて炒める。

② 水、**B**、サラダチキンを加え、煮立ったらごはんを加え、ふたをして弱火で10分煮る。

③ 器に盛り、ポン酢しょうゆをかける。

たんぱく質 **37.4**g 野菜量 **240**g **412**kcal

ひと皿でしっかりおなかいっぱいに

ささみとほうれん草の
トマトリゾット風

材料 2人分

A 鶏ささみ … 200g（4本）　◀ひと口大に切る

　 ほうれん草 … 200g（1束）　◀粗みじん切り

　 玉ねぎ … 80g（小1/2個）　◀粗みじん切り

　 マッシュルーム … 60g（6個）　◀薄切り

大麦入りごはん … 160g

オリーブオイル … 大さじ1

B 豆乳（無調整）… 200㎖

　 カットトマト缶 … 200g

　 顆粒コンソメ … 大さじ1と1/3

　 みそ … 小さじ1と2/3

水 … 400㎖

粉チーズ … 大さじ1

1️⃣ フライパンにオリーブオイルを中火で熱し、**A**を入れ、野菜がしんなりするまで炒める。

2️⃣ **B**、水を加え、煮立ったらごはんを加えて5分煮る。

3️⃣ 器に盛り、粉チーズをかける。

豚肉のビタミンB₁で疲労回復

スープルーロー飯

材料 2人分

豚バラかたまり肉 … 200g　◀2cm角に切る

ゆで卵 … 2個　◀半分に切る

青梗菜 … 300g（3株）　◀葉と茎に切り分ける

大麦入りごはん … 200g

ごま油 … 小さじ1

A おろしにんにく（チューブ）… 小さじ1

　　おろししょうが（チューブ）… 小さじ1

B 甜菜糖 … 大さじ2

　　しょうゆ … 大さじ1強

　　オイスターソース … 大さじ1強

　　五香粉（あれば）… 少々

水 … 600㎖

1. フライパンにごま油と**A**を入れて中火で熱し、香りが立ったら豚肉を入れて表面に焼き色がつくまで焼く。

2. 水、**B**を加え、アクを取りながら煮立てる。煮立ったら、ふたをして弱火で15分煮る。青梗菜を加えて再度ふたをし、さらに5分煮る。

3. 器にごはんを盛り、**2**をかけ、ゆで卵をのせる。

暑い日に食べたいひんやりスープ

さばときゅうりの冷や汁

材料 2人分

さば水煮缶 … 180g

絹豆腐 … 80g ◀ひと口大にちぎる

きゅうり … 100g（1本） ◀輪切り

大麦入りごはん … 200g

白だし … 大さじ2と2/3

水 … 600㎖

みそ … 大さじ1強

A ミニトマト … 60g（小6個）

みょうが … 30g（2本） ◀せん切り

大葉 … 2g（2枚） ◀せん切り

白菜キムチ … 60g

白すりごま … 大さじ3弱

1 白だし、水を混ぜて、冷蔵庫で冷やす。

2 さば缶（缶汁はきらない）にみそをのせ、トースターでこげ目がつくまで焼く。

3 ボウルに **2** を汁ごと、豆腐、きゅうりを入れて混ぜる。

4 器にごはんを盛り、**3** をのせる。**1** をかけ、**A** をのせる。

たんぱく質 **29.8**g 野菜量 **126**g **474**kcal 087

食欲がない日もさらっと食べられる

ねばねば
スープかけごはん

材料 2人分

いか（刺身用）… 200g　◀細切り

ひきわり納豆 … 90g（2パック）

長いも … 200g（大1/3本）　◀1cm角に切る

オクラ … 100g（10本）　◀斜め半分に切る

モロヘイヤ … 100g（1袋）　◀葉を摘む

大麦入りごはん … 200g

白だし … 大さじ2と2/3

水 … 600ml

A　削り節 … 6g

　梅干し … 2個

…… 焼きのり … 少々

1 白だし、水を混ぜる。

2 フライパンに湯を沸かし、オクラ、モロヘイヤをそれぞれさっとゆでて水にとり、ざるに上げる。

3 器にごはんを盛り、いか、納豆、長いも、**2**、**A** をのせて、**1** をかける。

たんぱく質 **39.7**g　野菜量 **100**g　**495**kcal

たんぱく質 **33.2**g 野菜量 **250**g **620**kcal

骨付き肉と大きめ野菜で大満足

ごろごろ野菜の
スープカレー

材料 2人分

A 鶏手羽先 … 240g（4本）

　にんじん … 200g（大1本）　◀縦半分に切る

　ブロッコリー … 200g（1個）　◀小房に分ける

　じゃがいも … 150g（1個）　◀皮つきのまま半分に切る

大麦入りごはん … 200g

オリーブオイル … 大さじ1

B カットトマト缶 … 100g

　カレー粉 … 大さじ1と2/3

　顆粒コンソメ … 大さじ1と1/3

　ウスターソース … 大さじ1強

　塩 … 小さじ1/3

水 … 500㎖

1　フライパンにオリーブオイルを弱火で熱し、Aを順に入れ、しっかり火が通るまで15〜20分焼く。焼けたものから取り出す。

2　鍋にB、水を入れて煮立て、器に盛る。1をのせ、ごはんを添える。

たんぱく質 **38.6**g 野菜量 **100**g **522**kcal

豆乳とみそで大豆パワーたっぷり

シーフードの
豆乳みそスープヌードル

(**材料**) 2人分

冷凍シーフードミックス … 150g

玉ねぎ … 200g（1個）　◀薄切り

ゼンブヌードル（P10参照）… 160g

オリーブオイル … 大さじ1

A 顆粒コンソメ … 大さじ1と1/3

┈ みそ … 大さじ1強

水 … 400㎖

豆乳（無調整）… 300㎖

粉チーズ … 大さじ3と1/3

粗びき黒こしょう（好みで）… 少々

1. フライパンにオリーブオイルを中火で熱し、シーフードミックスと玉ねぎをさっと炒める。

2. 水、Aを加え、麺を半分に折って加える。

3. ふたをして煮立て、ときどき混ぜながら、ふたをしたまま9〜10分煮る。

4. 豆乳、粉チーズを加えて温め、器に盛り、粗びき黒こしょうをふる。

たんぱく質 **41.7**g 野菜量 **110**g **435**kcal

パクチーとレモンでエスニック感いっぱい

フォー風ヌードル

材料 2人分

鶏ささみ … 200g（4本）　◀そぎ切り

もやし … 200g

ゼンブヌードル（P10参照）… 160g

オリーブオイル … 大さじ1

A 鶏ガラスープの素 … 大さじ1と1/3

　　塩、こしょう … 各ひとつまみ

水 … 700㎖

レモン … 40g（小1/2個）　◀くし形切り

パクチー … 20g　◀ざく切り

1. フライパンにオリーブオイルを中火で熱し、ささみ、もやしを炒める。

2. 水、**A**を加え、麺を半分に折って加える。

3. ふたをして煮立て、ときどき混ぜながら、ふたをしたまま9～10分煮る。

4. 器に盛り、レモン、パクチーを添える。

カレー風味のスパイシースープ

チリトマ スープヌードル

材料 2人分

豚肩ロース薄切り肉 … 200g ◀ひと口大に切る

冷凍ミックスベジタブル … 100g

ゼンブヌードル（P10参照）… 160g

オリーブオイル … 大さじ1

A カットトマト缶 … 200g

　おろしにんにく（チューブ）… 小さじ1

　顆粒コンソメ … 大さじ1と1/3

　カレー粉 … 小さじ2

　塩 … 小さじ1/3

　一味唐辛子 … 少々

水 … 600㎖

ドライオレガノ … 少々

1 フライパンにオリーブオイルを中火で熱し、豚肉を色が変わるまで炒める。

2 ミックスベジタブル、水、**A**を加え、麺を半分に折って加える。

3 ふたをして煮立て、ときどき混ぜながらふたをしたまま9〜10分煮る。

4 器に盛り、オレガノをふる。

こんがり長ねぎでうまみをプラス

いわしとねぎの
そばスープ

（材料） 2人分

いわしみそ煮缶 … 140g

長ねぎ … 20g（10㎝）　◀2.5㎝長さに切る

ほうれん草 … 200g（1束）　◀5㎝長さに切る

しめじ … 80g（2/3パック強）　◀ほぐす

冷凍そば … 400g　◀表示通りに解凍する

オリーブオイル … 小さじ1

白だし … 大さじ4

水 … 600㎖

一味唐辛子 … 少々

1　フライパンにオリーブオイルを中火で熱
　　し、長ねぎを入れて焼き色をつける。ほ
　　うれん草、しめじを加え、さっと炒める。

2　水、白だしを加え、ふたをして弱火で10
　　分煮る。

3　器にそばを盛り、2をかける。いわし缶
　　を汁ごとのせ、一味唐辛子をふる。

たんぱく質 **28.8**g　野菜量 **110**g　**477**kcal　099

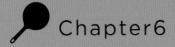

Chapter6

少し時間のある日に！

大満足のごちそう

スープ

SPECIAL 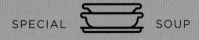 SOUP

じっくりコトコトと煮込んだ
スープのおいしさは格別。
忙しい毎日では作れないけれど、
ちょっと余裕のある日に作りたい
ごちそうのように満足度の高い
スープを集めました。
時間がかかる分、たっぷりの食材から溶けだした
うまみと栄養を楽しめる
特別な日のためのスープです。

たんぱく質 **30.7**g 野菜量 **118**g **363**kcal

肉と野菜をことこと煮込んで

滋養たっぷり
薬膳スープ

材料 2人分

鶏手羽元 … 240g（4本）

A ミックスビーンズ（水煮）… 80g

ミニトマト … 120g（6〜7個）
　　◀半分に切る

れんこん … 100g（大1/2節）　◀乱切り

しいたけ … 50g（3〜4個）　◀四つ割りにする

しょうが … 8g（1/2かけ）
　　◀せん切り

にんにく … 6g（1かけ）
　　◀薄切り

塩 … 小さじ1/3

水 … 600㎖

大葉 … 2g（2枚）　◀せん切り

1 フライパンに水、鶏肉、しょうが、にんにくを入れて煮立て、アクを取りながら中火で10分煮る。

2 A、塩を加え、ふたをして弱火で20分煮る。

3 器に盛り、大葉をのせる。

牛肉の脂質でリコピンの吸収率アップ

コロコロ野菜の
牛肉トマトスープ

材料 2人分

牛切り落とし肉 … 300g　◀食べやすく切る

にんじん … 150g（1本）　◀1cm角に切る

エリンギ … 100g（1パック）　◀1cm角に切る

冷凍グリーンピース … 30g

ごま油 … 大さじ1

A カットトマト缶 … 200g

　　牛だし（P9参照）… 大さじ1と1/3弱

塩、こしょう … 各少々

水 … 400㎖

1 フライパンにごま油を中火で熱し、牛肉を入れて炒める。色が変わったらにんじん、エリンギを加え、塩、こしょうをふって炒める。

2 グリーンピース、水、**A**を加え、煮立ったらふたをして弱火で20分煮る。

たんばく質 **30.3**g　野菜量 **190**g　**478**kcal

ほんのり香るいりこだしがポイント

わが家の豚汁

材料 2人分

豚肩ロース薄切り肉 … 200g　◀ひと口大に切る

木綿豆腐 … 80g　◀3cm角に切る

A じゃがいも … 200g（大1個）　◀乱切り

　　にんじん … 150g（1本）　◀乱切り

　　ごぼう … 80g（1/2本）　◀斜め薄切り

　　長ねぎ … 10g（5cm）　◀小口切り

　　こんにゃく … 200g　◀ひと口大にちぎる

ごま油 … 大さじ1

いりこだしパック … 1袋

みそ … 大さじ1と2/3

一味唐辛子（好みで）… 少々

水 … 600ml

1 フライパンにごま油を中火で熱し、豚肉を入れて炒める。

2 Aを加えてさらに炒め、油が回ったら豆腐、水、だしパックを加え、ふたをして弱火で20分煮る。

3 火を止め、みそを溶き入れる。器に盛り、一味唐辛子をふる。

<u>たんぱく質</u> **29.2**g　野菜量 **120**g　**467**kcal

たんぱく質 **35.9**g 野菜量 **164**g **494**kcal

鶏肉の栄養とうまみが凝縮

手羽元と大麦の 参鶏湯

材料 2人分

鶏手羽元 … 360g（6〜8本）

A にんじん … 200g（大1本）　◀5mm角に切る

　　長ねぎ … 100g（1本）　◀斜め薄切り

　　大麦 … 40g

　⋯ くこの実 … 適量

しょうが … 15g（1かけ）　◀薄切り

にんにく … 12g（2かけ）　◀薄切り

塩 … 小さじ1/3

水 … 600㎖

塩麹 … 小さじ2強

1 フライパンに水、鶏肉、しょうが、にんにくを入れて煮立て、アクを取りながら中火で10分煮る。

2 A、塩を加え、再び煮立ったらふたをして弱火で20分煮る。

3 火を止め、塩麹を加えて混ぜる。

たんぱく質 **31.8**g 野菜量 **123**g **504**kcal

春雨入りでボリュームあり

牛肉と野菜の
コムタンスープ

材料 2人分

牛切り落とし肉 … 300g

大根 … 200g（8㎝） ◀1㎝角に切る

しいたけ … 50g（3〜4個） ◀粗みじん切り

しょうが … 5g（1/3かけ） ◀せん切り

春雨（乾燥）… 40g

A 牛だし（P9参照）… 大さじ1と1/3弱

塩 … ひとつまみ

水 … 400㎖

豆乳（無調整）… 200㎖

長ねぎ … 20g（10㎝） ◀小口切り

貝割れ大根 … 20g（1/2パック）

粗びき黒こしょう … 少々

1 フライパンに水、牛肉、しょうがを入れて
煮立て、アクを取りながら中火で10分
煮る。

2 大根、しいたけ、**A**を加え、再び煮立っ
たらふたをして弱火で20分煮る。春雨
を加えて再度ふたをし、さらに5分煮る。

3 火を止め、豆乳を加えて混ぜる。器に
盛り、長ねぎ、貝割れ大根をのせ、粗び
き黒こしょうをふる。

たんぱく質 **32.4**g 野菜量 **263**g **274**kcal

魚介のうまみが溶け出たスープが絶品

ブイヤベース風スープ

材料 2人分

たら（骨抜き）… 160g（2切れ）　◀半分に切る

あさり（殻つき・砂抜き済み）… 150g

むきえび … 100g（4尾）

セロリ … 100g（1本）　◀粗みじん切り

にんじん … 100g（2/3本）　◀粗みじん切り

にんにく … 6g（1かけ）　◀みじん切り

オリーブオイル … 大さじ1強

A　トマトジュース … 300㎖

　　塩 … 小さじ1/3

水 … 300㎖

みそ … 大さじ1と2/3

パクチー … 20g　◀ざく切り

レモン … 20g（小1/3個）　◀くし形切り

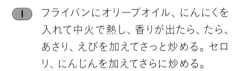

1. フライパンにオリーブオイル、にんにくを入れて中火で熱し、香りが出たら、たら、あさり、えびを加えてさっと炒める。セロリ、にんじんを加えてさらに炒める。

2. A、水を加えて煮立て、ふたをして弱火で20分煮る。

3. 火を止め、みそを溶き入れる。器に盛り、パクチーをのせ、レモンを添える。

ほんのり香るゆずがアクセント

れんこんとゆずの
鶏だんごスープ

材料 2人分

A 冷凍鶏ひき肉 … 200g ◀解凍する

れんこん … 200g（大1節） ◀みじん切り

しょうが … 10g（2/3かけ） ◀みじん切り

ゆずの皮 … 10g（1/2個分） ◀みじん切り

片栗粉 … 大さじ3と1/3

塩、こしょう … 各少々

ブロッコリー … 200g（1個） ◀小房に分ける

春雨（乾燥）… 60g

B ゆず果汁 … 30g（2個分）

鶏ガラスープの素 … 大さじ1と1/3

水 … 600㎖

細ねぎ … 少々 ◀小口切り

1 ボウルにAを入れて混ぜ、10等分して丸める。

2 フライパンに水、Bを入れて煮立て、ブロッコリー、春雨、1を加え、ふたをして弱火で10〜15分煮る。

3 器に盛り、細ねぎを散らす。

たんぱく質 **25.7**g　野菜量 **206**g　**448**kcal　115

下ゆで済みの牛すじで時短

牛すじとこんにゃくの
ピリ辛みそ汁

（**材料**） 2人分

牛すじ肉（下ゆで済み）… 200g

A 木綿豆腐 … 160g　◀ひと口大に切る

　かぶ … 150g（2個）　◀くし形切り

　にんじん … 150g（1本）　◀乱切り

　こんにゃく … 200g
　　　　◀ひと口大にちぎる

にんにく … 6g（1かけ）　◀薄切り

昆布茶（粉末）… 大さじ1弱

塩 … 小さじ1/3

みそ … 大さじ1と2/3

水 … 600㎖

長ねぎ … 20g（10㎝）　◀小口切り

一味唐辛子（好みで）… 少々

1 フライパンに水、牛すじ、にんにくを入れて
煮立て、ふたをして強火で15分煮る。

2 A、昆布茶、塩を加え、ふたをして中火で
15分煮る。

3 みそを溶き入れ、ふたをして弱火で10分
煮る。器に盛り、長ねぎをのせ、一味唐辛
子をふる。

たんぱく質 **37.5**g　野菜量 **163**g　**299**kcal

たんぱく質 **29.1**g 野菜量 **381**g **621**kcal

野菜のうまみが溶け込んだ

わが家のカレー

材料 2人分

鶏手羽先 … 240g（4本）

A キャベツ … 250g（1/5個）　◀ざく切り

　 玉ねぎ … 150g（3/4個）　◀薄切り

　 にんじん … 150g（1本）　◀斜め薄切り

　 にんにく … 12g（2かけ）　◀薄切り

大麦入りごはん … 300g

オリーブオイル … 大さじ1

塩、こしょう … 各少々

水 … 400㎖

B カットトマト缶 … 200g

　 ウスターソース … 大さじ1と2/3

　 昆布茶（粉末）… 小さじ1弱

　 カレー粉 … 大さじ1と2/3

　 甜菜糖 … 大さじ1強

1 フライパンにオリーブオイルを中火で熱して鶏肉を並べ、塩、こしょうをふって両面をこんがりと焼いて取り出す。

2 続いて A を入れ、かさが半分くらいになるまで炒める。

3 水、B を加え、ひと煮立ちしたら火を止め、ハンドブレンダーで攪拌する。

4 器にごはんを盛り、**3** をかけ、**1** をのせる。

たんぱく質 **21.3**g 野菜量 **190**g **339**kcal

お肉も野菜もたっぷりで大満足

ふわふわ鶏バーグ スープ

材料 2人分

A 冷凍鶏ひき肉 … 200g　◀解凍する

　玉ねぎ … 80g（小1/2個）　◀みじん切り

　豆乳（無調整。牛乳でも可）… 30㎖

　片栗粉 … 大さじ3と1/3

　塩麹 … 大さじ1/2

　こしょう … 少々

B 青梗菜 … 200g（2株）　◀食べやすい長さに切る

　にんじん … 100g（2/3本）　◀半月切り

　しめじ … 50g（1/2パック）　◀ほぐす

ごま油 … 大さじ1

C 鶏ガラスープの素 … 大さじ1と1/3

　オイスターソース … 大さじ1/2強

水 … 600㎖

1　ボウルにAを入れて練り混ぜ、2等分して小判形にまとめる。

2　フライパンにごま油を中火で熱し、1を並べ、両面に焼き色がつくまで焼く。いったん取り出す。

3　続いてBを入れて油がなじむまで炒める。2を戻し入れ、水、Cを加えて煮立て、ふたをして弱火で15分煮る。

本書を手に取ってくださったみなさま、ありがとうございました!

私は小学生の頃にIgA腎症という難病を患いました。
治療の過程で塩分制限が必要になり、
食生活の大切さに気付いたのが、管理栄養士を志したきっかけです。

その後、出産を機に16kg体重が増えてしまい、
スープダイエットを始めて20kgの減量に成功!
SNSにスープの投稿を開始し、
今ではありがたいことに、
たくさんの方に投稿を見ていただけるようになりました。

いつも応援してくださっている方、
スープレシピを作ってくださっている方、
これからレシピを知ってくださる方に、
何か少しでもお手伝いできることがないだろうかと、
本を出すにあたって、自分にできることは何かを考えました。
私にできるのは、やっぱりレシピを発信すること。
そして、健康、ダイエット、料理、栄養に関する悩みに寄り添うこと。

正直、私は料理がすごく得意ということはなく、むしろ苦手な方です。
だからこそ、簡単に作れるスープを作っています。
スープは作るのに特別な技術は必要なく、
食材を入れて加熱するだけで完成するので、
普段料理をされない方や苦手意識のある方でも、
きっとおいしく作れると思います。
「私でもできそう」「私でも作れる」「私でも続けられる！」
そう思っていただけるように、
本書では、そんなスープをさらに気軽に作れるような
レシピばかりをたくさん集めました。

今回のスープは、レンジで作るものとフライパンで作るものがあります。
それは、そのときの気分で作り分けてもらい、
料理の楽しさも同時に実感してもらいたいと考えたからです。
忙しい日、疲れているときは簡単にレンジで作り、
少し時間と心に余裕がある日は丁寧に。
いろんな日があって良いと思います。

私自身も料理を続けてきたことで、
少しずつスープ作りの楽しさを見つけてきました。
この本を手に取り、作り、食べてもらうことで、
スープの魅力がたくさんの方に伝わり、
みなさまの毎日の幸せ度が上がるきっかけになれば幸いです。

スープを作ることで、心が満たされたり、元気になったり、
料理が楽しいと、少しでも思ってもらえますように。

りの

食材別INDEX

撮影　澤木央子（smoot inc.）

デザイン　高橋朱里（マルサンカク）

フードスタイリング　久保田朋子

調理　大友育美

調理アシスタント　金城陽子　かすやさちこ

ライター　久保木薫

校正　東京出版サービスセンター

編集　森 摩耶（ワニブックス）

1食分のたんぱく質20gと野菜100gがとれる
からだリセットスープ

著者　りの

2023年12月13日　初版発行

発行者　横内正昭
編集人　青柳有紀
発行所　株式会社ワニブックス
〒150-8482
東京都渋谷区恵比寿4-4-9　えびす大黒ビル
ワニブックスHP　http://www.wani.co.jp/

お問い合わせはメールで受け付けております。
HPより「お問い合わせ」へお進みください。
※内容によりましてはお答えできない場合がございます。

印刷所　TOPPAN株式会社
DTP　株式会社三協美術
製本所　ナショナル製本